흰 바탕에 흰말은
무슨 색으로 그리나요

정재리
2017년 『서정시학』을 통해 시인으로 등단했다.
시집 『흰 바탕에 흰말은 무슨 색으로 그리나요』를 썼다.

파란시선 0113 흰 바탕에 흰말은 무슨 색으로 그리나요

1판 1쇄 펴낸날 2022년 10월 30일
지은이 정재리
디자인 최선영
인쇄인 (주)두경 정지오
펴낸이 채상우
펴낸곳 (주)함께하는출판그룹파란
등록번호 제2015-000068호
등록일자 2015년 9월 15일
주소 (10387) 경기도 고양시 일산서구 중앙로 1455 대우시티프라자 B1 202-1호
전화 031-919-4288
팩스 031-919-4287
모바일팩스 0504-441-3439
이메일 bookparan2015@hanmail.net

ⓒ정재리, 2022, printed in Seoul, Korea

ISBN 979-11-91897-38-8 03810

값 10,000원

* 이 책 내용의 전부 또는 일부를 재사용하려면 반드시 저작권자와 (주)함께하는출판 그룹파란 양측의 동의를 받아야 합니다.
* 잘못된 책은 바꾸어 드립니다.
* 지은이와의 협의 하에 인지는 생략합니다.

흰 바탕에 흰말은
무슨 색으로 그리나요

정재리 시집

시인의 말

양이

물고기가

아픔을 모른다고요?

차례

시인의 말

제1부
행잉 - 11
표현 - 14
유성 - 16
구조 - 18
영 - 20
흰색을 향하여 - 22
다른 테이블 - 24
테이블 - 26
티 테이블 - 28
틸란드시아 - 30
나는 괜찮아 - 32
마리네이드 - 34

제2부
블루 라이트 - 39
기울기 - 42
어반스케처 - 44
직립의 시간 - 46
Dettagli - 48
수면 - 50
꿈의 형식으로 - 52
네 개의 침대가 놓여 있는 게르 - 54
불현듯 빛나는 테두리 - 56

물병자리 운세 - 58

섬들의 바다 - 60

제3부

내이도 - 65

캔버스 - 66

소묘 - 68

십일월 호수공원 - 70

환원 - 72

에델바이스 - 74

인터뷰 - 76

흑백 - 78

선원근법 - 80

야외 테이블 - 82

렘수면 - 84

십일 층의 상상 - 86

포식자 - 88

오감 - 89

제4부

불면 - 93

연 - 94

캠프파이어 - 96

1분 크로키 - 98

20색상환 - 100

건너편 - 102

2분 크로키 - 104
팔월 헤를렌강 - 106
악어 - 108
초식 - 110
서스테인 드로잉 - 112
먼 곳에서 온 이야기들 - 114
후일담 - 116

해설
임지연 납작하고 빠르게 기울(이)기 - 118

제1부

행잉

누구일까요

벽에 기둥에 공중에
매달리지만 붙잡지 않는 저

이름이 생각 안 나
화분 밑 바코드를 올려다봐요 토분 디시디아 10,000
부를 것도 아닌데

귀는 매일 열려 있고요

무엇일까요
부를 노래는

연주가 끝나고
지휘자가 두 팔을 아래로 떨어뜨릴 때까지 어둠 속에서
숨을 멈추는 관객은

어딘가에 모든 걸
걸어 본 사람

이젠 괜찮다고
생각하는 사람

돌아오는 길에 꽃집에 들러
저면관수하는 방법을 서투르게 배우며
아가미의 호흡에 빠져드는 사람

너의 취향은 단조의 슬픔이란 말을 들었고

기꺼이 반음 내려와
고요한 잎들

아래로 자라는 아이가 있어요
있어요 저기
위로가 필요한 아이인데 정작 아무런 표정이 없고

햇살이 창을 비껴 들어올 때 잠시 미간을 찌푸릴 뿐
누가 정확한 방향으로 손가락질하며 묻습니다

이름이 뭐예요 얼마예요 물은 며칠마다 주나요

표현

설원에 서 있는 하얀 말을 본다
긴 속눈썹 긴 다리에 관절 마디가 볼록한 어린 말

혼자 서 있다

언덕 너머엔
요정을 믿는 소수의 사람들이 살고 있고
사람보다 많은 말들이 함께 살아간다는 것이 궁금해

평원에서 눈을 들어 가장 먼 곳을 바라보면
돌아오는 항해의 시간

자신의 그림자를 알지 못하는 말

조용한 두 귓속으로 바람이 훅 들어오면
외로움을 배울 것이다
문득 키가 자랄 것이다

아, 또 눈이 온다 눈이 와

흰 바탕에 흰말은 무슨 색으로 그리나요
온통 하얀 그림 속에서 하양을 잃고

자칫 떨어트린 잉크 방울로 검푸른 눈동자

한 번도 보지 못한 것을 어떻게 그리워하나요

악천후처럼 지나가 버린 마음을

다시는 못 보게 된 것을
또 어떻게 그리나요

유성

목청 떨리는 마음이라고 했다 마음을

미음과 이응으로 가르면 울림소리

흐르지 못하는 것들의 흐린소리

버찌가 사과 향과 체리 향으로 갈라지는 것처럼 흠 흠

떨어지기 전에 갈라서는 것이다 점심 약속을 어기고 멀리까지 나가 보는 것이다

천천히 해가 지고 밤눈 어두워지고

고아처럼 많은 상상으로

허기지면

사막에 별이 뜬다

툭, 툭이다가 주욱

칼로 긋듯

그런 눈물

시력이 다른 두 눈으로 별똥별을 관측하는 사람이 나타나

저 물음표 형상을 한 낙타가 어째서 인간과 함께 걷다가

우아한 무릎을 꿇고 쉬고 있는지

물어보는 것이다

구조

―
공사 중인 건물의 삼 층은 늘 열려 있다는 걸 알아
드나드는
모르는 발자국들

어떻게 밤이 다가오고
멈추고
달아나는지

난 너를 상상하고
넌 누굴 생각하는지

어제의 소음과 오늘의 폐기물 속으로

문을 열면 문이 나오고 또 열어도 문이 있는 거기
열 개의 문엔 손잡이가 없지

새벽에 출근한 인부가 놀라
소리 지르며 소리 죽이는 야, 고양이다 고양이

―
동그란 눈동자가 더 크게 놀라

날뛰며 창고 가리개 비닐을 다 찢어 놓는 발톱
인부 셋이 물러서서 잠자코 지켜보고 있다

훌쩍 한낮이 난간처럼 오고
어디서 왔지? 어디로 가는 거지? 묻지 않는 저녁은 또 저기

고양이가 달리네
왔던 곳이 아닌 곳으로

장소가 아닌 곳으로

달리며 꿈꾸고 달리며 울어 보고 웅크리고 앞서가고 돌파하는 너는
점점 허기에 가까워진다 허기는
반복되고 위험하고 달래 줘야 하는 것인데

콘크리트처럼 우두커니 서서

영

 혼자가 있었다 혼자가 여럿 있었다 한 바퀴 여러 바퀴 빙빙 도는
 세마젠은 마음을 보이지 않으려고 앞섶을 꼭꼭 여미었다 짙은 눈을 내리깔고 펼쳐지는 반달 같은 흰 스커트 자락보다
 검정 구두 흰 속바지에 눈길이 가고 그 속까지 상상해 들어가 보면 어지러웠다
 아무 날짜 아무 피리 소리 아무 뜻 아무 이별 아무 인샬라
 점점 빨라지는 속도로
 시계 반대 방향으로

 돌고 돌아도 닿을 수 없는 곳을 향해
 오른손을 올리고

 흑해는 멀고 아름다워 손가락으로 짚어 보며
 타오르는 이스탄불의 밤

 관객들은 라크 술잔을 들고 하나같이 치~즈
 모르는 사람과도 건배하는 지하 동굴 카페는 입구와 출

구가 다른 구조

출구로 사라진 사람이 입구로 돌아오다 길을 잃고
회전은 완성되지 않는다

꽃잎과 기억과 멀리 물고기 냄새와 품속과 다시 혼자

영(靈)이 되려는 그였다 무게를 날려 버리고 새털처럼
0이 되어 가는 그였다

사람들은 세마춤이라 하고 이슬람을 연구하는 교수는
춤이 아니라 신을 향한
의식이라고 고쳐 말했다

●세마젠: 이슬람 신비주의 종단의 수행 방법인 회전 춤을 추는 사람.

흰색을 향하여

누구를 그려도 빨리 마른다 붓을 헹구면서 다른 얼굴을 떠올릴 수 있도록
다른 색을 고르도록

팔레트를 채우고
그 아래로 건너는 물
추월하는 물
잡고 싶어도 내색하지 않는 습성

흐르면서 깊어지던 물고기의 눈동자는 간혹 멈추어
부분과 대면한다
흰자 위에 검은 눈동자
위에 응시하는 흰 점

독백이나 방백

이제 빛을 색이라 말해도 좋겠다

다음엔 마음이란 말 그다음엔 사랑이라거나 행복 어쩌면 영원까지도

한 번은 스치고
세 번 네 번 열 번은 기꺼이 머금고

한 번 간 사람을 열 번 보내고 돌아서서

옅은 색보다 옅은 색
까맣게 잊은 색
겉을 덧칠하는데 속이 깊어지는 이상한 구도

세로선을 먼저 그은 적은 없지

어디에 그려도 빨리 마른다 두꺼운 아크릴물감
위에 파스텔
그 위에

흰 구름

다른 테이블

어제 들은 칭찬이 오늘 자랑으로 차려질 때
상하는 우유의 시간

저녁이 되기 전에 미리 나온 가로등처럼 창백한
그다음 이야기

더는 물러날 자리가 없는 의자를 치우고

흩어진 오백 마리 양들을 한눈에 알아보는 목동은
설명할 수 없는 컵을 들고

머언 산초판사의 이야기를 한다 돈키호테는
슬픈 얼굴의 기사였다고

바람 들어 가벼워진 참을 수 없는 풍차가 둥글게 둥글게 어루만져 주면 내일은
가볍고도 깊을 수 있다는 하얀 거짓말

뒤집어 아래를 보면 테두리 밖으로 막 달아나는 그 말

꼬리를 잡으면 엎지르고 말 거라는

아프게 들리는 걸 보니 맞는 말

저 얼룩말

테이블

　술잔 앞에선 앞날을 생각지 말자 했고 또 누군가는 뒷일을 걱정하지 말자고도 하여 기우뚱

　맨발로 달리는 독주

　앞과 뒤는 한 몸이 맞다 백허그하면서 입술을 찾듯이

　새가 물고 온 모래바람
　극지에서 보고 싶은 건 나무였다지

　쓸 만한 나무를 분질러 네 다리를 만들어 주자 주먹으로 탁자를 쾅 치고 일어나
　직립을 주장하는 건
　왕년의 기억 때문만은 아닐 것이다
　유명과 무실 불협과 화음 숲과 숲을 소맥처럼 말아 삼킨 다음
　혀를 느리게 놀려 간신히

　잃어버린 것을 잊을 수만 있다면…… 다 내려놓겠어요 우선 팔꿈치부터

그렇게 펼친 이야기는 알고 보니 거기서 끝이었다 목재의 결을 따라 쓰다듬어 봐도 그게 다였다

모서리를 자꾸만 욱여넣고 있었다

티 테이블

배송 기사는 조립을 마치고 일어선다
하얀 원탁은 정물화 아래 단순하고

견고해 보인다

호수 표면은 귀를 막은 듯 얼어붙어 있었다
새소리가 비껴갔다
허리를 굽히지 않아도 찻잔을 내려놓을 수 있었고 타르트나 냅킨
책과 함께 놓으면 다정해지고 엎드려 울기엔 너무
낮아 보였다

낮은 곳에서 발끝으로 동그라미를 그리다가
마주 앉은 사람의 발목을 잡은 적도 있다지만
호숫가엔 작은 숲
숲엔 자작나무도 몇 그루

왔다가 사라지고
오다가 그냥 가 버린 사람도 많았다는데

그의 입장에선 인간의 굳건한 턱
그걸 올려다보는 것으로 시간을 공간을 조명을 건축을
침묵을 들었다는데

사실과 추측을 구분해 듣다 보면 시간이 잘 간다
실은, 이라고 시작하는 이야기는 믿음이 덜 간다

약속 말고 누구 말고
혼자 남기를 기다리는 것은 아닐까

손바닥을 대고 흔들어 본다
흔들림이 없으면 다 확인된 겁니다

기사는 회사에 보고할 완성품 사진을 찍고 나서 나에게
펜을 건네며
사인하라고 한다

틸란드시아

거기 네가 있었다 한 손에 전화기를 들고 한 손으로 귀를 만지면서 끝나지 않는 통화가 있었다 감은 머리가 아직 덜 마른 너

육 층 닫힌 창밖에는 이웃의 낮은 지붕이 있고 곤두박질이 있고 얼마 남지 않은 시간과 오후의 긴 그림자가 또렷했다 안 봐도 알 수 있었다

알 수 없었다 그날, 없는 거울 없는 지도 없는 섬 없는 기후 없는 갈매기 없는 빈방 없는 선물 없는 가방을 챙기던

찬바람으로 머리를 거꾸로 말리는 칠월이었다

물이 마르면 어디든 갈 수 있었고 어디에도 가지 않았다

창을 열자

막 쏟아진 빛이 있었다 실수가 있었다 등 뒤에서 등을 찌르는 역광이 있었다 너의 이목구비 대신 검은 실루엣만 남았다 간직하려고 물러서는 먹먹한 눈동자가 있었다

견디지 못하고 셔터를 눌렀다

나는 괜찮아

그 말을 들은 삼월이 오고
그 말에 꽂힌 삼월이 절고

오해가 줄어들지 않아
뾰족해지네
거꾸로 물이 올라
배가 불러도

달래는 캐는 것
쪽파는 뽑는 것

차이를 증명하느라 초록은 진이 다 빠지고
그는 수돗가에 앉아 얕은 뿌리를 다듬어 한쪽에 모아두며
그것을 머리라 하고 나는

발이겠지 하면서 이랑과 고랑 고랑과 이랑
건너뛰는 데는 자신 있어
부위마다 다르게 혈색이 돌고 방향이 바뀌고 그래도 될 것 같고 그와 내가 겹치고 겹이 겹칠 때 아, 짧은 음이 생

겨나고
　죽은 새처럼 생겼다

새의 혀는 더듬고
새의 귀는 어둡고
지금이라도 눈을 뜨면 모르는 새를 알 것만 같아

처음으로 마음이란 단어를 써 보고 싶어

부리에 뿌리를 물고 날아오르는 기색
내 눈꺼풀의 가벼움을 발견하고 스스로 놀란다

이제 막 태양광 조명이 켜지기 시작하자
그는 신데렐라처럼 귀가를 서두르고

삼월의 등이 진눈깨비를 털어 내며 젖어 들며
뒷모습을 지켜보는 나는 사실 괜찮지 않아

마리네이드

아침엔 화분에서 딴 연두색 바질 몇 잎을 들고 서 있었지 이걸로 무얼 요리할까

앞치마를 두르고 성실한 토마토 그 이전을 서성거렸어
올리브오일과 레몬즙을 넣어 휘젓기 이전
천천히 숨을 들이마시며 허브 향에 눈 감기 이전
바질 씨가 든 봉투를 받아들고 자그마했던 지난봄의 어느 날까지

한 바퀴 돌아오는데 잠깐이었다 요리 시간 십오 분 난이도는 중

속까지 익기 전에 차갑게 식히는 것이 관건

완성된 마리네이드 아직 맛도 안 본 마리네이드 이탈리아에서 온
자꾸 불러 보고 싶은
부드러운 이름
부르면 나를 다시 불러 줄 것 같은 이름

껍질 벗긴 둥근 과육이 서로 미끌거리며 자리를 바꾸며
저절로 웃음이 나는 모양

아무도 없는 데까지 따라가 보고 싶었는데

열탕 소독한 병에 담고 뚜껑을 꼭 잠가
냉장고 맨 위 칸에 넣어 버렸지

오래 울려고

제2부

블루 라이트

그의 머리색은 코랄핑크
불타는 조명에 어울리지만

새파란 피가 터져 나오는
가파른 고음으로
파열음을

서로가 서로에게
물린 짐승처럼
죽일 듯이 살아남아

독을 한입 물면 whoa
상처도 잊네 whoa

볼륨을 낮추면
밖에서 무슨 소리가 나는지

대답을 듣기도 전에 또 질문하는 이유는
몰랐으면 좋았을 말을
들어 버렸기 때문

푸른색은 돼요
푸른빛은 안 돼요

푸른빛이 찾아 나선 뜬눈
만나러 가는 시간이 만난 시간보다 길다면 자객처럼
멋지고 멀어지지

보고 싶고 가슴이 타서 등을 구부린 자는
뜻밖에 채식주의자 어쩌면 왼손잡이

증오하듯 드럼 패드를 두들기는 그의 왼손가락
사람들은 그 장면을 놓치고

실수는 단 한 번
복수는 여러 번

어두운 화면보다 더 진하게 노래하네 thisisjusthis
뿌리부터 불이 붙어 우린 뿌리 그 뿌리 깊숙이 뿌리까지 뿌리 타오를게

치솟는 뿌리를 차단할 수 없다

●thisisjusthis: 한국 래퍼 저스디스의 닉네임.
●뿌리부터 불이 붙어 우린 뿌리 그 뿌리 깊숙이 뿌리까지 뿌리 타오를
게: 저스디스의 노래 「뿌리」 중에서.

기울기

무화과 향이 나
무성한 풀밭을 내려다보던 그가 말했다

나는 깊숙이 목구멍을 열어 숨소리 없이 향기 맡는 법을 연습했다
가득해서 아득해지는

무화과나무는 굵고 잎은 거친 손바닥 모양으로 어긋나
내밀 손이 없었다
비 그친 아침

처음이란 말을 푸르게 여러 번 들었으나
마지막이 아니면 아무것도 아니란 것이 열매의 신념
씨와 꽃을 몰래 품었으니 빗물이 새어 들지 않게 조심할 것
일단 의심부터 해 볼 것

어떻게 그런 생각을

비탈을 버티고 버티면 무탈할 거라며

이탈하지 않게 일부러 조금씩 손을 떠는 기법으로 가느
다란 교회 첨탑과 먼 물고기를 쓱쓱 그려 낸 그가

배면의 소실점을 찾다 수평선을 잘못 그었다

미끄러지지 않으려고 발끝에 힘을 주면 발자국이
흘러내렸다

어반스케처

   새 스케치북은 새로운 스케치북
   표지보다 내지가 더 두꺼운 프랑스산 세르지오 코튼 320 인사도 없이 받아 들었죠

   넘기면 다른 방향
   펼치면 상상 바깥

   눈을 가늘게 뜨고 멀리 바라볼 것 대상을 포착하면 일단 점찍고 볼 것 직관을 믿지 말 것
   설명하는 선생님은 싱글 외로워도 싱글싱글
   이별 경력 한두 번이란 몇 번인 걸까 나는 묻지 않고

   물을 떠 왔어요

   예리하고 수정 불가한 족제비 붓을 돌아선 다섯 번째 첫사랑에게 겨누죠 꽃에게 꽃말은 거짓말같이 들려서 창문을 덧칠해 버렸어요 망하는 줄 알면서도 붉은 물감을 풀어 불 지르는 불가능 불면 불쌍 불륜 불조심……

   농담 조절에 실패하고 말았습니다

한없이 퍼지네요 전염병처럼

그러나 100% 코튼은 미더운 질감
스미기 전에 눈가로 번지는 푸른 물의 기법
숨어 우는 것보단 나으니 곧 다 나을 거예요

기억에서 추억을 빼면
섬이 되는 시절

그리워하면 그리는 사람이 되죠
꽃범의꼬리 같은 꼿꼿한 붓을 들고 눈에 불을 켜면 못 갈 데가 없다니까요

직립의 시간

새로 산 버킷 햇은 검정색 자카르 원단
자카르 자카르 자꾸 발음해 보면
달려드는 자칼을 입에 물고서

머리 다리 꼬리와
머리 다리 꼬리를

바늘귀에 끼웠을 것이다
한 걸음씩
어떤 가로에 어떤 세로가
없던 머리 위에 없던 이야기가

집요해 아픈 줄도 모르는 무늬가 생겨나기 시작했을 것이다

구경하는 사람들이 모여들었을 것이다 저것 봐 날렵한 솜씨에 대한 칭찬이 무성해질수록 두 귀는 뾰족해지고 커다래져서
남자에게 충실하지 않은 여자가 환생하면 자칼이 된다는 인도 속담까지 다 들렸을 것이다

두 다리와 네 다리 사이를 오가는 일은 생각보다 쉬운 일

거울 앞에 서서
G 모양 로고를 옆으로 돌려 쓰면
돌이킬 수 없는 안과 밖

머리 안에 숨기고 있어 내보일 마음이 적다
모자는 소중하고 조금 작다

모자 파는 아저씨처럼 자가드 자가드
올이 풀리듯 무심하게 말해 보면 한결 친숙해지는
도톰하고 매끈한 직조

고개를 꼿꼿이 들고 나는

두 손으로 쓰고 한 손으로 벗었지

Dettagli

우회전은 돌고 돌아 신호도 없이
꽃송이를 파고들어 둥그레지는 겹꽃

나는 핸들을 꺾고 꺾어
정류장에 선 그가 작아지고 잘 가 어둠에 흔들던 한 손이 사라지고 아홉 시가 꺼져 버리는

그런 저녁을 밤이라 불러야 할지

점멸하는 신호등을 스치며 빛의 속도로
이후에 그가 할 일에 대해 상상해 버렸네
상상 속의 상상 그 너머의 상상 기린처럼 목이 길어져

언젠가 사진에서 본 거실 원목 테이블 위에 내가 선물한 카키색 그의 머플러가 아직 따듯하겠지 이불 속처럼 귓속처럼 캄캄해져서 나는 이내 돌아 나오며
빈 유리 화병을 밀어 깨트려 버리겠다
산산조각으로 빛나는 바닥
주워 담을 수 없는 층계
발목을 접질리며

당연한 말처럼 아픈 말이 있을까

어쩌면 없었던
분명 있었던
대낮

둥근 꽃을 한 움큼 쥐고 나는 돌아보네 장미 하나로는 충분하지 않다고 말해 봐 dettagli dettagli 반복되는 노래가 흘러나오고

검은 옷을 입고 무단 횡단하는 사람들을 지켜보며 멈춰 서 있다

●Dettagli: Sal da Vinci의 곡으로 '상세하다'는 뜻의 이탈리아어.

수면

―
블루에는 블랙이 가라앉아 있다
눈 감고 있다
참고 있다
피콕블루 마조릴블루 한블루 미드나잇블루 가로로 그으면 먼 물결
잠들기 전에

수심에 대해 말하려 하지만
말줄임표와 느낌표 사이의 어조를 결정하지 못해
깊이 잠긴다

견디고 견디다 마침내 견고해지는
바위가 될 것이다

그러는 사이 언덕은 그림자로 뛰어내리고
죽고 못 살던 애인은 옛 애인이 되어 버리고

돌아누울수록 불어나는 이야기들

― 배를 뒤집을 꿈이라도 꾸겠네

파랑이 인다 파랑은
물고기가 돌아와 주기를 기다리는 물결 파 물결 랑
어쩐지 벨벳 같아 손바닥으로 쓸어 보면

야옹, 새벽잠을 깨우는 환청

항구의 빛나는 푸른 눈 그 검은 고양이 안아 본 적도 없
는데
환상통을 앓는 이유

깊은 바닷물로 지붕을 들어 올리는 시간

알고 보면 가벼운
프러시안블루다

꿈의 형식으로

　물고기를 먹을 줄 모르는 사람들이 있어
　다 아는 이야기를 새롭게 꺼내 놓고 그는

　마른 나뭇가지 한두 개씩 툭툭 화덕에 던져 넣으며 저녁이 왔다 긴 불집게를 들고 불씨를 살펴 가며 게르의 천창에 대해 이야기했다 푸른 하늘을 숭배하는 자들의 이야기 하늘에 둥근 창을 내는 유일한 자들의 이야기

　강물과 어스름과 금기 사항이 불어날수록

　나는 맨발이 되고 싶다가
　나는 지루해져서 천창 밖으로 날아가는 큰 물고기를 본 듯도 해 눈을 뜬 채 잠시 잠들었다 물과 불 사이를 넘나들며 밤이 깊었다 하늘보다 산이 더 짙었다 사슴 모양 암각화가 눈꺼풀에 내려오는지 몰랐다

　젤리 같은 영하 오십 도 추위를 상상할 수 있겠어?
　따뜻한 목소리를 들었는데

　으스스해진 나는 두 손을 비비며

안으로만 지르는 불 위로만 솟구치는 불꽃까지 다 감쌀 듯 피할 듯 위태롭고 외로워 수사슴의 뿔처럼

초원을 달리고 있었다 달리면 하늘이 앞서 열리고 모르는 사연들로 가득하고 네 발이 공중에 뜨는 환희의 순간을 단숨에 잊어버리고 손에 든 빈 고삐를 잃어버리고

돌아보면 길이 있을 것 같아

잃어버린 다른 것들을 생각하지 않아도 좋은 아침이 올 때까지 앞만 보고 달렸다

네 개의 침대가 놓여 있는 게르

바닥에 그것이 있었죠

몸을 벗고
선택된 양 머리 하나가

난로 아래 피가 돌듯 미소 지으며 설핏
귀를 열어 놓고

목이 없으니 기다림도 없을 터

손님 자리는 왼쪽

난로가 따뜻하네
주전자가 뜨겁네
위험하겠어

밖엔 바람 소리
꾸짖듯 짖는 검정 개

캄캄한 눈을 뜨고 눈을 감고

숨을 죽이면

똑똑
침대를 두드리는 윤곽 없는 양의 발자국

양의 탈을 쓰면 배고픈 늑대가 된다고 배웠습니다만

달리는 법을 다 익혀 버린
둥근 배치는
천창 밖으로 한없이 날아가

뾰족한 것은 다 별
모서리에 귀가 닿죠

미동도 없는 저 오른쪽 침대는
왜 항상 옳은 걸까요

불현듯 빛나는 테두리

일월의 탄생석은 가넷
지구에 툭
떨어진 작은 알갱이에
둘레를 선물하자
반지가 되었습니다

축하해
검붉은 석류 알을 낳고 또 낳았으면 좋겠어

더운 나라에서 따뜻한 손을
몰래 잡으면
빈 병 속으로 스르르 들어가는
뱀 한 마리와

개와 고양이 원숭이 소 비쩍 마른 닭이
사원 밖으로 다 흩어질 때

입을 벌리고 입술이 터지는
테두리이면서 알맹이인 저 둥긂

안경알을 의심하죠

휘어진 담장이 그늘을 끌고 집으로 돌아와
유리 포트 눈금까지 물을 채우고 상황버섯에 생강 한 쪽을 넣어 가열하면

부르르
끓어넘치고 마는

여기는 캄보디아
반짝인다 말하고 보면 이미 반짝이는 사람들이
하얀 이를 드러내고 웃고 있어요

물병자리 운세

　밤하늘엔 한쪽 무릎을 굽힌 가니메데스가 항아리를 거꾸로 들고 신들을 위해 밤새 술을 따르고 있었다 가니메데스는 트로이에서 가장 아름다운 양치기 소년
　매일 아무렇지 않은 표정

　고향에 기다리는 사람이 없는 것처럼
　비밀을 잃어버린 것처럼

　긴 옷자락을 걷어 올려 외톨이 맨발을 발견하고
　눈 감으면 비로소 들려오는 소리

　어느 날 소년은 결심도 없이 일어나 경배해 온 불멸의 잔을 부수고 말 겁니다 지상에는 연일 빗줄기가 흘러내리겠죠 남쪽 물고기자리가 넘쳐나고 발톱이 큰 검은 독수리도 어디론가 숨어들어 비를 피할 때

　제주 애월 해담뜰에도 앞을 분간할 수 없는 폭우가 쏟아질 것으로 보입니다만 뒤돌아보지 않는 훈련이 필요합니다 낮은 돌담 위로 풍랑이 세차게 몰아쳐도 모른 척 오직 눈앞에 보이는 것만을 바라보도록 하세요 새로 산 술잔을

기념하세요 새로운 일을 원한다면 수와 관련된 분야가 이롭겠네요 행운의 숫자는 2 행운의 알파벳은 L

더 듣고 싶은데

별을 본다는 말을 다르게 사용하는 사람들은 약속과 함께 사라지고

사라진 것은 모두 별 같아서 모든 별이 사라지고

섬들의 바다

1.

이런 이야기를 들었다 소행성과 혜성에서 떨어져 나온 얼음 조각들이 바다를 이루었다고 물은 푸른색 어쩌면 초록 흰색 무색 투명 더러는 사막에 사는 사람들은 검은 물이라고도 했다

그 깊이를 알 길 없어 고심했으나 기껏해야 지구 표면의 일이었다 표정이 없었다

2.

소금호수가 있었다 먼바다가 있었다 철갑상어와 잉어가 있었다 멀지 않은 곳에 사람들의 발자국이 있었다 밀과 목화가 자랐다 소금 먼지바람이 불고 물고기가 사라지고 녹슨 어선이 있었다 다른 아무것도 없었다 두 팔을 늘어뜨리고 서서 가만히

아랄해 하고 이름을 불러 보았다

못 지킬 약속이라도 듣고 싶었다

3.

카자흐스탄 투르크메니스탄 아무다리야강 시르다리야강 어디선가 사람들이 몰려와 그런 모르는 소리들로 왁자하면 해수면이 높아지고 있다는 말같이 들린다 벌컥벌컥 물을 들이켤 땐 저절로 눈을 감게 되고
  감은 눈꺼풀 밑으로
  수평선을 길게 펼치고 하늘을 끌어당기며

  저기 만선이 온다

●섬들의 바다: 아랄해의 직역.

제3부

내이도

꽃다발의 길
달팽이 혼자 들어간 길
입구가 뒤따라오다 출구를 잊는다
창문이란 단어가
제일 좋다는 시인도 있지만
밖은 난청
밖에서 안이 궁금해지는 창문을 알까
창문에겐 창문이 몸
아주 작은 크기라고 상상하자
눈보다 귀를 갖다 대는 상상을 하자
왼쪽 귀가 가려운데
오른쪽 귀부터 팠지
부스러진 과자부터 집어 먹는
손가락의 딴청
다 잊었다면서
또 잊을 걸 기억해 내는 달팽이가
엎드려 과거를 잊고자 한다

마지막의 마지막을
꿈꾸는 내이도

캔버스

나는 오른팔을 들어 가로선을 주욱 그었다 이건 지평선이야 조금씩 흘러내리는

너는 지평선 위를 걸어가는 한 사람의 옆모습을 스케치하고 있다 수평으로 날리는 긴 모자 끈과 작은 얼굴 아래 풀어헤친 셔츠를 지나

한 방향으로 부는 바람과

나는 또 지평선 너머를 생각하고 있다
그곳은 홍골인엘스 노래하는 모래라고 했지 노래하는 모래라니 노래하는
뜨거운 목구멍처럼 쑤욱 빠져들던 맨발

어느새 맨발을 그리고 있네 너는
아래로 더 아래로 내려가기엔 20호는 너무 작고 간지러워

그날 모래산 아래 벗어 둔 신발이 없어진 건
바람 따라 산이 이동하기 때문인 걸 알아?

사진보다 보폭을 작게 그려 놓은 게 마음에 걸리지만 내색하지 않고
　너의 두터운 손가락과 섬세한 표현이 어떻게 어울릴 수 있는지 얘기하며 함께 웃었다

　나의 단순한 지평선이 멀리 나가 수평선이 되면 좋겠다는 말은
　속으로 했다

　일렁이는 은빛 꽃가루

　그런 바람만으로도 어쩐지 물 냄새를 맡을 수 있는 낙타처럼

　나는 라커룸 문을 열고 100호를 찾고 있다

소묘

단순한 음률이 반복되고 있어요
포유강 우제목 기린과 기린속 기린
기린의 걸음걸이는 지그재그

울지 않는 그의 성대에 대해 잘 알지 못하고
아카시아나 미모사 잎을 먼저 그려 놓을 조금 긴 종이가 필요합니다

간격이 필요합니다

콩테 목탄 흑연을 나란히 놓습니다

목탄 흑연 콩테로 순서를 바꿔 봅니다
검정으로 긴 속눈썹의 속까지 눈을 감았다 떠도 얼룩무늬 패턴은 여전히 먼 나라

마르는 입
마른 잎
마른 손

어떤 울음은 끝내 지울 수 없고 지우개는 마지막에 한 번 쓴다고 알려 줍니다
마지막이란 말에 잎사귀는 온통 귀가 돼 버리겠죠 하얘지는 귀

예전엔 잘 머금고 잘 뱉는 큰 붓이 있었어요
물은 알아서 번지고 흐르니 마르기 전에 마음껏 색을 섞도록 해
그랬었는데

기억은 건기를 견디게 하고

바람이 지나가고 한참 뒤
툭 부러지는 나뭇가지

십일월 호수공원

　어둠 속에서 물과 바람이 세차게 닮아 간다 잠과 밤이 서로 도사리고 있다
　여린 가시 돋친 고슴도치로 태어나는 중

　출구를 찾던 원시의 사냥이 거친 벽화를 그린다

　그릴 수 없는 그림자의 황홀이란
　비례를 버리고 와락
　구겨지는 거라며

　각자 다른 언어로 발설하다 돌아서는 새벽
　공기는 차가워지고

　약속은 손가락을 지켜 내지 못해 다시
　입속 동굴로

　멜랑은 검다 콜리는 담즙
　막힌 귀는 우울과 우물을 혼합하지

　검고 검고 검은 체액 그득한 몸

물결을 밀고 나와

비행하는 친구는 달의 뒷면을 한 바퀴 돌아 나왔다고 전한다
입과 귀가 서서히 멀어져

비행운처럼

꼬리는 뼈를 감추고
나는 기록을 지운다

환원

끝을 보고 싶어 더 멀리 보내는 손끝
스네이크 암즈

정면을 응시하면서
당신과 어제에서 떠나가는 중이에요 스륵, 발도 없이

미끄러웠죠

놓친 손목은 쉽게 날개를 달고 찬 물결이 되어
바다를 두 번이나 건너갔던

젖으면 더욱 선명해지는 이야기들이 있었고
잊었고

어디까지 가냐면 입에 꼬리를 물고 둥근
혀마저 삼킬 때까지
산 채로 다시 시작에 닿을 때까지

우로보로스 문양에 대해 들을 때마다 둥근 것은
속이 텅 비어

다정한 춤이네
고마워 다정한 감상이네 빈말을 나누며

막상 가서 보면 화성은 화성이 아닐지도 몰라
돌아오는 우리는 우리가 아닐지도 몰라

끌려가듯 어깨를 들어 올리고
눌러 주면서 내려오는 손바닥으로

그다음 손길은 상상 속으로 과거 속으로

흐르면서 흘러내리고
유랑은 계속되고

●스네이크 암즈: 두 팔을 들어 뱀처럼 유연하게 움직이는 춤동작.

에델바이스

발을 땅에서 멀리 떼어 놓으려는 것이 춤의 목표다, 그 말을
듣지 못하는 눈이 내리고 있다

내리고 있다 어제 들은 말을 후회하면서

하얀 베일을 휘날리며 빙글 돌아가는 무용수의 시린 발등이
떠오르거나 내려오는 그 중간쯤에서
무게를 버리고 모양을 갖춘다

스텝에 집중하면 손 모양이 흐트러져

섬이 좋아요
왼쪽과 서쪽을 좋아해요
측백나무 편서풍 무채색 말고삐와 개의 목줄에 대해
캐묻지 않기로 해요

땅에서 무언가 캐내려다
다시 묻으며 일어서는 사람의

어깨 위로

솜털 같은 눈이 내린다 한꺼번에

눈밭에 무수한 음각을 새기며 점프하는 개와 사람이 가까이 있을 것이다

고요해서 귀 기울이면
고개가 먼저 기울어지고

이젠 희귀한

보다의 반대말은 믿다라고 누가 말한다

인터뷰

흰옷 입은 작가
웃는다 얘기를 꺼내기도 전에 벌써 웃는다 툭하면 무릎을 치고 상체를 앞뒤로 조명처럼 흔들며
이를 활짝 드러내면 개가 오해할 텐데 계속 웃는다 웃음은 아직
끝나지 않았나 보다

마이크는 들썩이며
속으로 집중한다

웃음이란
무언가 상하기 직전
공기를 저어 놓고
유령 너머
대결 너머
쑥스러움의 저편
감추거나
서러울 때
진공상태로 마치
북극여우를 부르는 휘파람처럼

안 와도 그만
마음에 없는 말을 할 차례

앞에 작은 테이블이라도 있다면 테이블 위 물이라도 한 잔 있다면

내가 아는 한 저 누드모델은
웃음을 침과 함께 뱉어 버린 사람

쉬는 시간 가운을 걸치고 종이컵을 들면
반만 웃고 이내 식어 버리는 사람

그는 아홉 번째 모델이죠 붉은 콘테를 다 흡수해요, 말해 볼 텐데

수강생이 하나둘 나가고
복도가 조용해진 다음에도

떠나지 않는
웃음소리

흑백

첫 장면 사 분 동안 말없이 거친 들판을 달리기만

늙은 말과 마부 채찍과 근육 땀과 먼지 얼룩으로 얼룩진 토리노의 바람 소리만

찐 감자 네 알을 나눠 먹다 후반부엔
꺼진 등불 아래 느리게 생감자를 씹으며 어두운 침묵만

나는 영화가 다 끝나기 전에 일어나 암막 커튼을 열어젖히며

말의 목을 껴안고 울부짖던 니체의 마지막 말을 따라 웅얼거린다, 어머니 전 바보였어요
다른 행성을 다녀온 사람처럼 내가 낯설다 장식장과 벽시계와 개 인형 사이에 서 있다 볼 수 없게 된 사람이 사는 모르는 도시가 그립다

그사이 생일이 지났고
전화 수신음은 가방 속에서 울려 오고

주먹을 쥐었다 펴면서

가로등이 켜지기 시작하는 창밖은 아직 낮
흑과 백 사이 무수한 회색

마지막이 아니다 이런 생각으로 배경색이 뒤로 물러났다
마차에 짐을 싣고 커다란 검은 나무 아래를 지나 사라진 쪽에서 다시 그 마차가 나타나 지나가고 있다 아까의 반대 방향으로

●이 시에 등장하는 영화는 헝가리 감독 벨라 타르의 마지막 영화 「토리노의 말」이다.

선원근법

천안행 기차를 탔다
목포행이라고 써진

정면을 보고 있지 않아도 안심하고 같은 방향
다른 역에서 내릴 사람들

침묵은 등 뒤로 넘어가고
등받이는 깨끗해

차창 멀리 날아가는 한 무리의 새를 보았는데
이탈한 어떤 새의 발을 본 것만 같아 쫘악 펼친
새의 발가락
하나 둘 셋
하나 둘 셋
잘 보면 뒤에도 하나

손가락을 차창에 대어 보지만 더 상세해지지는 않고

얼핏 순록의 뿔을 닮았다거나

청력이 뛰어난 새의 귀가 없다고 여기는 것은
귓바퀴가 없기 때문이라거나

작은 벌레를 향해 전속력으로 달려 나가던 우스운 기억
몇 량을 이어도 끝나지 않는
끝을 향해 질주해도 끝나지 않는

지난 사막 이야기가 터널을 통과하면서 통째로 얼비쳐
잠시 미간을 모으게 되는

이럴 때 뒤돌아보면 안 된다
동공이 텅 비게 될 것이다

야외 테이블

옆자리 식물에게 한눈팔고 있다
보면 다 안다는 듯

척추를 곧추세우고 이제 와서 연두는
뚜렷해지길 원하지만 배경이 먼저 아름다웠다
찢어질 때 고요해서 몰랐다 오직 화분이 깨질 때만 탁, 하고
속으로 거두어들이는 둔탁한 소리
없는 발자국 소리

약속은 다음으로
다음은 오다가 모든 이번이 사라지는 것

나는 괜찮아, 웃었는데 쓴맛이 날 때
다문 입이 겨울나무처럼 아무것도 아닐 때

문득 새의 얼굴을 하고 나타나

구석이 되었다
자그만 맨발이었다

어둡게 자란 어린잎을 찌고 말리고 갈면
말차가 되죠 잎맥을 다 발라내고 어디까지 건너가나 녹
색
찬 우유에선 풀리지 않으려던 녹색
휘저어 놓고 식어 버린
의자는 다른 의자

하늘과 닿는 부분은 진한 색으로
멀어진 이야기일수록 정확한 발음으로

한 칸 건너 한 칸 다시 두 칸 또박또박
마지막이 오고 있다

렘수면

호랑이 한 마리 어슬렁 내 토끼잠 속으로 걸어 들어왔죠
소리 없이 옆에 누운 빛나는 줄무늬

떨리는 심장은 새벽 위에 하얗게 얼고
눈알과 발톱 근육 관절 모두 토끼에게 녹아요

잠깐이면 끝나죠
목덜미
깊이 들어갈까요
이빨을
첫 줄에 쓸걸 그랬어요

나는 본 것만을 말할 거예요 보고 싶은 건
이제 남의 일

수면과 숙면 사이 저 온순한 왕국은
문만 열면 그 방
다시 열면 절벽

숨을 높이 참았다 내쉴 때 두근거리는 혈통은

과묵합니다

언제나 자정은 넘는 것이고
양은 세는 것이 순서지만

이불 속에서 감지도 뜨지도 않은 눈꺼풀을 만져 봐요
호랑이는 영험한 꿈만 꿀까요

죄 삼아
벌 삼아
눈감아 줄게요

토끼잠에 토끼는 등장하지 않는답니다

십일 층의 상상

사무실로 놀러 오지 그가 말했다

머뭇거리며 한 계단 더
끝을 딛고 오르는 가는 발목들
미끄러우니
주머니에서 손을 빼고

사무실은 엘리베이터와 화장실 후원 신청서 공정무역
커피와 책들 실물과 다른 사진들로 붐비는 곳
  창가에 서면 아래로 눈이 가는 높이

옆 건물은 오래 빈집이야 시든 남천 화분이 사슴뿔 같지
스치듯 애매한 백허그는 나쁘지 않겠지

옥상에도 가 볼까 우리 그가 이끌었다

옥상은 바닥이면서 공중
바람의 성분으로
셔츠 자락이 펄럭이고

불꽃의 목표는 맨 위
아무것도 태우지 않은 채

헬리콥터가 한바탕 지나간 뒤
발목들은 뿔뿔이 흩어져

지붕과 옥상은 어떻게 다른 걸까

지하 주차장 차 안에서 혼자 몇 시간째 궁리하는 사람

포식자

몇 미터 앞
자카란다 나무 아래
의심을 모르는 사자의 눈

밥을 기다리며 죽음을 앞발에 내려놓고 태연한
요하네스버그 사자 농장

사만 달러를 지불한 사내의 손에
활이 쥐어진다

사내가 상체를 스윽 젖히자

화살이 버팅긴다
날지 않겠다고 부들부들
떨고 있다, 맹렬한 햇살

마포 사무실 계단을 혼자 내려오는 그녀의 실루엣이 비틀거렸다
사무장은 조심히 가아 하고는 문을 닫았다

오감

    토마토에 바나나를 넣어 주스를 만들면 어때 좀 뻑뻑하면 어때 시큼한 단맛 언니는 왜 웃지 껍질과 껍데기가 따로 생겨났다 우리 옷을 바꿔 입고 함께 외출하자

    어른들을 만나면 쓸데없이 큰 목소리가 된다 어른들은 놀란다 엄마는 귀가 어두워 정면을 보다 눈이 동그래지고

    입은 안일까 밖일까 너무 많은 것들이 출몰하고 있어 한 귀로 듣고 한 귀로 돌아서는 장소 지구는 평평해서 한없이 멀고 어디에도 닿지 못해요 해가 뜨면 나무 한 그루 심어 놓고 먼 곳까지 달려가 보는

    마사이족의 낮은 신발이 떠오릅니다 사자 사냥을 멈추기 위해 다리가 길어지는 마사이족 우유에 소 피를 넣어 마신 뒤 왼손에 쥐고 떠나는 저 막대 끝엔 뭐가 있을까 속도와 벼랑 끝 가시나무 남발하는 동정심 그리고

    어릴 적 우린 서로의 일기장에 손대지 않기로 손들고 맹세했었지 또 뭐가 있을까 언니, 우린 아빠가 없지

    청각만 남은 아직 식지 않은 시신의 마지막 신념에 대해 말하려다 목이 아파 와 돌아보면

    후각만 남고 오감이 사라진 부드러운 갈색 개가 엎드려 있다

제4부

불면

길에 패인 물웅덩이를 낙타 눈이라 하는데요 몽골에선
검게 고인 움푹한 눈 마주칠 때면
달리던 차 바퀴가 움찔하며 그만
오랜 사막을 횡단하던 조상이었을 낙타의
외눈을
한순간에 터트린 그 먹물이 번져
이렇게 오래도록

연

궁남지 연꽃 사진을 보내왔다 물이 깊으면 꽃이 못 살아, 문자도 함께 왔다
두 손가락으로 벌려 보고 오므려 보는 연한 꽃잎

지금 절정이군요, 썼다가 지운다
연과 연 사이가 너무 멀어요, 보내지 않는다

물속 깊이를 재 본 무릎이 부어서 아프다고 한다 앉을 수도 꿇을 수도 없으니 건너오라고 한다 물가에 버드나무들 무심히 서 있는 장면 컷 컷 컷

확대해 봅니다

촛불이 모여 물결을 이루면 어디로 흘러가는지
산책 나온 사람들 속에 몰래 섞여 걸어 봅니다 각자 이어폰을 꽂고 한 방향으로 몰려가는데
겉으로만 돌던 내가 꽃잎 사이사이를 다 훑고
성큼 안으로
꽃 속의 꽃, 그 속의 습(濕)

삭제합니다

가볍고 얕은 걸음이 부러워 발꿈치를 들어 보다가
떨어져 있어도 서로 젖어 드는 물오리 떼 사진에 꽂히다가
노란 꽃을 발견했는데

꽃잎을 꽃과 잎으로 가를 수 없어

연연합니다, 이건 답장이 아니에요

캠프파이어

끝이 시작되고 있었다

대못 서넛 박힌 각목을 잡았다
어둠 속으로 비스듬히 밀어 넣자 비를 떨치며 일어서는
불꽃, 온도가 습도를 이기는 거라고 누가 말했다 하늘까지
난 잔가지를 태워 주세요 번져 나가는 화선지도 주세요 그
리기 직전의 어깨선을 타고

허공은 거기서 온다
나무는 사라지고 도끼 자국만 남은 종이로부터

구겨진 사람들이 모여들면서 서로 피하면서
먼 곳의 소식을 그리워한다 마치

펼치면 새가 되고 솟구치면 네 개의 발이 동시에 공중
에 뜨는 초식동물을 그려 본 적 있어

사슴이 쓰러지자 갑작스런 고요
치타의 속도가 차갑게 가라앉은 숲

더 타고 싶다면 이미 불이 아니란 걸

물불 안 가리던 대못이 잿더미 속에서 뼈를 추스르면 물결무늬란 걸

끝나야 보이는

1분 크로키

옷을 다 벗고도
더 벗을 무엇이 남은 듯한
저 포즈 고양이처럼
점점 교묘해지네
멀어지면 안 되고
닿을 수도 없는
벗은 몸과 입은 몸이 여기서
할 수 있는 일이라면
그대는 야옹야옹 맘껏 울 허공이 필요해
돌연 날아와
꽂히는 꽃
잘 보면 나무
목탄은 분명
단단하면서도 부드럽고 따듯한 감촉
아 어디서 왔지
목을 돌린 1분
먼저 간 그대에겐 우아한 시간
허겁지겁 포즈를 핥으며 뒤쫓는 나는 손이 떨리고
백 개의 시선에서 도망치는 우리
이목구비는 빠르게 생략하자

달리는 맨발이 덧칠에 걸릴 때
조용히 조명이 꺼지고
검은색의 속내를 아는가
타 버린 시간
화살나무의 소신공양을

20색상환

노랑을 버려 예쁜 노랑 질투 많은 노랑을 노란 나비 흰 나비 빙글 돌지 않아도 어지럼증이 나

동그란 것이 태어났지

외할아버지 중절모 따라 용산 외갓집 가는 아이는
동대구역에서 끝까지 울음을 참을 수 있을까요

노랑을 놓고 하늘색 크레파스를 꼭 쥐었어요
하늘이 노래진다는 말은
들어 본 적도 없는 여섯 살

노랑이 철들면 풀색이 됩니다
풀색 녹색 초록이 차례로 눈뜨자 초원은 쑥쑥 자라나
언니 옷은 작아지고

초록은 동색이라니요 모르시는 말씀

평평하지 않은 땅도 공평하게 나누어야 합니다 금을 그으면 틈이 벌어지고 틈 그 틈을 타 형제들이 불화할 테니

삼킨 눈물은 뜨겁고 흘린 눈물은 발등을 찧을 테니

  붉음을 필두로 조금씩 미치면 돌면 빨리 돌리면
  이를 악무는 동그라미
  사라지면서 하늘이 되는 새들 스무 마리 스물하나 스물둘 스물……

  혼자 검정으로 남는 시간을 알지 못한 채

건너편

건너편은 나비가 되어
두근거리지

마음에 안 드는 선물을
받은 사람처럼
복잡한 표정

맞은편과 건너편의 차이는
모호하고
번져
멀어지는 당신

안녕
손 흔들지 않아도 이별이 펄럭이는데

계단과 난간은 미끄러져
행인이 되고

등을 기다리는
벽의 본성은

부스러지는 주먹을 지켜 주지 못해

더듬거리는 건너편은
누구 편도 들지 않는 편

2분 크로키

2를 찢어라 2를
이르쿠츠크역에서

블라디보스토크와 모스크바를 나눈다 목조건물 창문이 조각조각 사라지는 속도로 앞사람 얼굴을 혁명과 전설을 색깔을 가르며 짧은 머리 더 짧게 결단 내리는 시베리아 횡단 열차, 상처받은 2는
세지 않은 숫자

침묵은 차창 밖으로

빨리빨리 멀리멀리 달아나는 사슴과 식물들
속도에 재미를 붙이면 내실이 없어, 선생님 얼굴에 웃음이 사라졌다

많이 좋아졌다는 말은 칭찬인가요
손목과 팔목을 구분하지 못하겠어요

여자가 여자를 리드미컬하게 그리고 있다
등을 내보이며 가슴을 감싸 안는 여자

어쩌면 2는 돌아앉는 숫자

거절할 수 없던 꿈속의 반지
반짝 눈빛으로 연필을 가로채며

왼쪽으로 기울인 단발머리가 붉은색을 난사하고 있다
총구도 없이
반말로

팔월 헤를렌강

헤를렌과 케르덴 발음을 구분하지 못하는
흐린 초원의 밤

입안으로 쏟아지는 것들

별빛을 삼키고
삼킨 입도 삼키고
검은 강물 소리로
귀가 커지는 밤
자꾸 커져 귀가 되는 밤

보드카와 자갈과 말똥과 우정이
은밀하게 뒹구는 시간

진심을 알 수 없어
전할 수도 없는
19세기의 담비 코트야
떠난 자를 위해 따뜻해요

마음 아픈 사람이 몸 아픈 사람에게

스웨터를 벗어 주고
게르 밖으로 나오면

아직도란 말은 슬픈 말

하늘엔 하늘밖에 없고

없는 별을 세는 사람의 긴 손가락은
아무것도 걸지 않아
별이 되지 못한 에델바이스

말굽에 밟힌 꽃이 허리를 비틀며 돌아누울 때
나는 헤를렌과 케르덴 사이를 느리게 걷고

물소리는 한사코 물을
벗어나는 중

악어

쉿!은
가로입니까 세로입니까

손가락이 입술을 떠날 때
하모니카가 문득 함구할 때

옆에 옆에 너 말고 너 옆에 그 옆에
키스처럼 나는 속았지

자장가 연주 때문에 잠이 달아나던 모래 위의 낮잠은
사막여우처럼 예민해져서

잃어버린 아기 코끼리 투마가 무리를 찾아 돌아오고 있어요
  반토막 난 코를 조금 흔들며
  목마른 강가 사라진 이틀과 코에 대하여 모르는 냄새에 대하여 혼자에 대하여 당신은

  질문하지 않는 사람

꽉 다문 입속에 무엇이 있다

투마의 말랑한 코와 볒 롸 뱐 샇 줁 꿞 훙…… 이런 아이들이
어둠을 다 빨아먹고
안에서 걸어 잠근 감옥

밖에, 멸종한 하모니카가
뼈처럼 놓여 있다

초식

뱀의 맹독이 두꺼비 독을 집어삼키면 안전할까요, 필살기처럼
오른쪽에서 왼쪽으로 우툴두툴 새벽마다 일기를 써요

어렸버어잃 을별
지갔나어튀 이별

떠나게 내버려 두는 일은 밤눈이 어두워
우왕좌왕 넘어지면서

그럴 땐 딴생각하면 돼요

바둑판처럼 일사불란하게
제자리를 고수하는 기억력

한 칸만 옆으로 물러나 준다면 나는
서럽기로는 둘째가라면 서러운 둘째 딸로서

밤이면 등이 가려워 팩소나딘정 한 알을 삼키고
안전합니다 뿔난 것들은 누구를 잡아먹지 않아요

까칠한 혀를 나뭇잎처럼 다물고
물끄러미 바라보는 눈

독과 약은 같은 말이죠

칭찬 잘하는 목소리를 갖지 못한 사람이 목을 내놓고
왼쪽이 왼쪽을 왼쪽으로 밀어내는 동안
더듬더듬 오른손이 따라오고요
글자와 활자가 서로를 되새김질하는 끈질긴 혼종의 게임이에요

서스테인 드로잉

주린 등뼈를 깊이 낮출수록 인연이라는 예감
전속력으로 돌파하자
치타의 발톱이 토끼의 털끝에 닿기 직전
자신도 모르게 한순간
치타 속도와 일치했다고 착각하는
토끼의 절정은
동굴이 되고
붉은 흙
원시의 벽과 천장에
그 모든 것을 기록하는 눈
무용담은 거침없이 생략되어
죽음은 한 끼 식사처럼 흔한 일
한번 지나간 선은 지울 수 없다는 믿음으로
나는 토템의 신앙을 가진 씨족
망설이는 선을 없애야 해요
눈발처럼 흩날려 온 우리의 허기진 시간을 한자리에서 포식하는 것
아프게 간직하기 위해 사지를 날려 버리는 결단
이것이 드로잉 기법이다
십 년을 사랑해 온 사람이

어느 저녁 훌훌 떠나 버린 자리를
해칭으로 처리하는
그것 또한 드로잉
정확히 서스테인 드로잉

먼 곳에서 온 이야기들

에릭은 아주 자그만 외국인 손님 꽃잎보다 가는 손을 흔들며 떠나는 그림의 주인공

나는 14쪽 아래 '어느 날 이른 아침 갑자기'를 따라 써 놓고
돌아올 거예요 혼자 말해 본다
생일 파티가 연기되다 사라진 겨울

멀어지는 속도가 뒤돌아보는 속도보다 빨라서 귀가 밝아진 듯 먹먹한 듯
질문을 하기도 전에 답을 들었지
물을 발라 물길을 낸 다음 물감을 흘리면 경계선이 되고 여행이 되고 새의 날개나 말의 콧잔등도 그렇게 태어나곤 한다는

순서는 지겨워
그리기도 전에 고삐를 지워 버릴 거예요
집도 짓기 전에 마을로 초대할 거예요
약속하기도 전에 악수하고 헤어진다 해도

기다리기도 전에 와 있을 게 뻔하잖아요
나는 이미 저만치 달려 나가 있을 거잖아요

물은 온 길을 거슬러
태어나기 이전의 구름으로
구름 그림자 아래 멈춰서
함께 비를 맞던 여름으로

●먼 곳에서 온 이야기들: 호주 작가 숀 탠의 그림책.

후일담

 13세기 네덜란드 화가 카스크 씨는 잠이 없는 사람 턱을 고인 채 먼 나라 이야기를 유심히 듣고 들은 대로 그려 본다 잠이 안 와서

 비늘로 덮인 고래의 몸과 두 발 달린 물고기를 그려 놓고 신중하게 세필로 서명한 다음
 잠시 눈 붙이고 일어나면 나팔 코를 치켜든 코끼리를
 또 완성할 것이다 본 적도 없이

 본 적도 없이 속을 보여 주는 일은
 커다란 백지
 얼마든지 접어 주고
 접다 보면 사라지는 흰 새처럼 불길하고 아름다워서

 자기 손을 한참이나 들여다보았을 것이다 깃털이 묻었나 하고

 우리는 대양과 대륙과 세기를 넘어온 이 기이한 착오가 어디서부터 시작되었는지를 추측하느라 그림 앞에 오래 서 있다 한 복도를 지나 다음 복도가 끝날 때까지

할로겐 조명에 구두 끝을 맞추고 서 있다
정확하게 설명했습니다
상세하게 들려주었습니다

결국은 카스크, 그의 귀를 의심할 수밖에

누군가 귀 기울여 주어서 밤이 온다
파도가 온다
보글보글한 양 떼를 몰고 와 백사장에 부려 놓는 꿈을 꾸면서
놀라 뒤척이면서

푹 자요 카스크, 내일은 우리
날씨 얘기나 해요

해설

납작하고 빠르게 기울(이)기

임지연(문학평론가)

세계를 납작하게 만들기

정재리의 시를 읽기 전에 마크 탠시(Mark Tansey)의 그림 「모더니스트 회화의 짧은 역사」(1982)를 약간만 참조해 보자. 이 그림은 모더니즘 예술이 지향했던 '재현'을 유리창, 벽, 거울 장치를 통해 유머러스하게 해체한다. 그림에는 유리창을 밖에서 씻어 내는 여성이 등장하고, 벽을 머리로 미는 남성이 있고, 거울을 통해 자신을 바라보는 닭이 등장한다. 모더니즘적 재현은 세계를 거울처럼 비출 수 있다는 자신감에서 비롯되었다. 거울은 세계를 반영하고 내면을 비출 수 있는 모던 세계의 예술적 장치였다. 그래서 모더니즘은 재현, 성찰, 비판, 내면, 자율성, 순수라는 가치를 생산했다. 마크 탠시의 그림은 모던 세계를 구축했던 거울 장치를 재치 있게 비꼬는 것 같다. 정재리의 시와 마크 탠시의 그림은 어떤 연관성이 있을까? 이들은 재현을 거절한다. 하지만 정재리는 마크 탠시처럼 포스트모던하게 모던 세계를 비판적으로 해체하지 않는다. 그는 비판 없이 납작하게 세계를 평면화함으로써 모던 세계의 재현과 성찰의 깊이를 삭제한다. 재현은 삼차원의 세계를 반영한다는 점에서 깊이를 갖는다. 성찰 역시 자신의 내면을 윤리적으로 재점검한다는 점에서 깊이를 추구한다. 그런데 정재리는 깊이를 삭제하고 세계를 납작하게 평면화한다. 그러나 그것이 마크 탠시처럼 포스트모던하게 세계를 해체하는 반미학을 구축하려는 것은 아니다. 그는 세계의 복잡성과 깊이를 단순성과 평면성으로 재구축하려고 한다. 구축이라고 말하기도 어렵겠다. 시인은 가느다란 선의 움직임으로 세계를 만들기 때문이다. 그는 왜 세계의 깊이를 메우고 단순하게 하려는 것일까? 먼저 그가 납작하고 평평한 세계를 만드는 방법에 대해 알아보자.

> 설원에 서 있는 하얀 말을 본다
> 긴 속눈썹 긴 다리에 관절 마디가 볼록한 어린 말
>
> 혼자 서 있다
>
> 언덕 너머엔
> 요정을 믿는 소수의 사람들이 살고 있고
> 사람보다 많은 말들이 함께 살아간다는 것이 궁금해
>
> 평원에서 눈을 들어 가장 먼 곳을 바라보면

돌아오는 항해의 시간

자신의 그림자를 알지 못하는 말

(중략)

아, 또 눈이 온다 눈이 와

흰 바탕에 흰말은 무슨 색으로 그리나요
온통 하얀 그림 속에서 하양을 잃고

자칫 떨어트린 잉크 방울로 검푸른 눈동자

한 번도 보지 못한 것을 어떻게 그리워하나요

악천후처럼 지나가 버린 마음을

다시는 못 보게 된 것을
또 어떻게 그리나요

—「표현」부분

  일반적으로 우리가 살아가는 현실 세계는 삼차원으로 좌표화할 수 있다. 가로, 세로, 높이라는 세 좌표는 현실 세계의 입체성과 공간성을 구축한다. 그런데 삼차원 공간을 그림으로 표현하려면 어떻게 해야 할까? 그것을 실현하기 위해 회화는 원근법과 소실점 같은 기법을 발명했다. 이 기법들은 이차원 평면 위에 멀고 가까움을 표현하기 위해서 만들어진 것이다. 그런데 정재리는 삼차원 세계를 이차원적으로 납작하게 만든다. 그것이 정재리의 표현 기법이고, 표현의 목적이다. 이 시의 제목은 '표현'이다. 무엇을 표현하려고 하는 것일까?

시의 전반부에서 시적 주체는 표현하고 싶은 풍경 하나를 제시한다. 설원에 하얀 어린 말이 하나 서 있는 풍경이다. 언덕 너머엔 "요정을 믿는 소수의 사람들이 살"고 있다고 상상하지만, 그곳은 보이지 않는다. "가장 먼 곳을 바라보면" "항해의 시간"이 돌아온다고 했지만, 그것 역시 보이는 것이 아니다. 마찬가지로 어린 말은 "자신의 그림자"를 알지도 보지도 못한다. 그 이후에 풍경의 대전환이 일어난다. "또 눈이 온다 눈이 와"라고 말하자 앞에서 제시한 풍경은 보이지 않게 된다. "흰 바탕에 흰말은 무슨 색으로 그리나요"라는 구절은 이 시의 핵심이다. 삼차원의 풍경(공간)을 이차원적으로 납작하게 만들기 때문이다. 흰말이 설원에 서 있을 때 입체성은 희박해지고, 원근법적 시선 역시 약화되고 있었다. 그런데 또 눈이 내린다. 이제 흰말과 설원의 경계는 지워진다. 시인은 묻는다. "흰 바탕에 흰말"을 그리기 위해서는 어떤 색이 필요한가? 어떤 선이 필요한가? 이 지점에서 삼차원 공간이 이차원 평면으로 전환된다.

사람들이 갖는 '그리움' 같은 내면적 감정들은 어떻게 표현할 수 있을까? 평면화된 세계에서 감정이나 내면과 같은 '깊이'는 납작해졌다. 그러니 "한 번도 보지 못한 것을 어떻게 그리워"할 수 있겠는가? 과거의 그리움도 표현할 수 없는데, 한 번도 보지 못한 미지의 것을 어떻게 그리워할 수 있겠는가? 시적 주체는 그리워하지 못함을 내적 감정에 대한 결핍으로 사유하지 않는다. 오히려 시적 주체는 그리워하지 못함을 자신의 개성으로 표현하고자 한다. "흰 바탕에 흰말"을 그리기 위해서는 다른 색이 필요하지 않다. 이 풍경은 완전히 평면적으로 변했다.

정재리는 세계를 재현하지 않으려고 한다. 그래서 그는 세계를 납작하게 만들고 평면화한다. 정재리는 무엇을 표현하고자 한 것일까? 표현의 내용은 없는 것 같다. 단지 세계를 납작하게 만드는 방법, 원근법을 사용하지 않는 방법, 소실점이라는 환영을 재현하지 않는 방법을 표현하려는 것이다.

그래서 그에게 대상은 "이목구비 대신 검은 실루엣만 남"고(「틸란드시아」), 우리가 살아가는 지구는 "평평해서 한없이 멀"다(「오감」). 얼굴이 갖는 내면성과 표현성은 별로 중요하지 않다. 지구가 둥글다는 객관적 사실도 크게 개의치 않는다. 얼굴성이라는 깊이를 지워 납작해진 존재들은 실루엣으로만 남을 것이다. 실제 지구 위를 걷는 사람이 느끼는 땅은 평평할 것이다. 오래된 기억, 감정, 이야기, 상처 등이 정재리의 시에서 생략되는 이유도 여기에 있을 것이다. 그는 이야기의 깊이에 대해 이렇게 처리한다.

이런 이야기를 들었다 소행성과 혜성에서 떨어져 나온 얼음 조각들이 바다를 이루었다고 물은 푸른색 어쩌면 초록 흰색 무색 투명 더러는 사막에 사는 사람들은 검은 물이라고도 했다

  그 깊이를 알 길 없어 고심했으나 기껏해야 지구 표면의 일이었다 표정이 없었다

—「섬들의 바다」 부분

"섬들의 바다"라고 불리는 아랄해는 한때 철갑상어와 잉어가 살 정도로 푸르거나 초록색의 호수였다. 그런데 환경 위기로 인해 사막화되었다. 이 이야기에는 소금 먼지, 사막화, 생태 파괴로 인한 동식물 멸종, 물이 부족한 사람들이 겪는 고통과 재앙이 교차되어 있다. 시인은 이야기의 "그 깊이를 알 길 없어 고심"하지만, 그것은 "표면의 일"이라고 말한다. 그래서 "표정이 없었다". 일견 생태 재난에 대해 가볍게 일축하는 것같이 보일 수 있다. 그러나 시인은 다른 곳을 바라본다. 지구의 관점에서 본다면 그것은 "지구 표면의 일"이며, 지구 역사에서 본다면 이것은 수많은 사건들 중의 하나일 것이다. 아랄해의 사막화는 인간과 동식물에게는 재난이지만, 수십억 년 살아온 지구에게는 그저 "표면의 일"이다. 시인은 인간의 내면과 감정의 깊이를 만들지 않고, 그것을 납작하게 만들어 표면화한다. 그리고 "감은 눈꺼풀 밑으로/수평선을 길게 펼치고 하늘을 끌어당기며//저기 만선이 온다"는 자기만의 새로운 풍경을 만든다(「섬들의 바다」).

다른 시인이라면 고통과 공감의 깊이를 만들겠지만, 그는 산뜻하고 간결한 새로운 비전을 덧붙인다.

정재리 시인에게 서정시란 서정 주체의 내면을 표현하기 위한 것이 아니라는 것은 분명한 것 같다. 전통적으로 서정시는 언어를 압축적이고 경제적으로 사용한다. 언어(기호)에 의미와 감정을 풍요롭게 투자하기 때문이다. 하나의 언어에 백 개의 의미를 산출하기 위해서는 언어의 압축이 필요하다. 그랬을 때 서정시는 깊이를 확보한다. 그런데 정재리 시인에게 서정시는 그러한 깊이 없이도 가능하다. 또한 그는 세계를 재현하려고도 하지 않는다. 그렇다고 해서 시인은 서정시로부터 탈주하거나 서정시의 문법을 위반하고자 하는 분명한 비판적 태도를 드러내는 것은 아니다. 그의 시에는 독특한 자기만의 개성이 있다. 세계를 납작하게 만들려는 욕망이 바로 그것이다.

텅 빈 동공으로, 빠르게 생략하기

정재리 시인은 삼차원 세계를 이차원의 평면으로 어떻게 바꿀까? 이 질문은 중요하다. 그것은 시인의 시적 형식과 방법론에 관계된 것이기 때문에 찬찬히 살펴볼 필요가 있다. 이 시집에는 색깔과 드로잉, 선, 오감, 소실점과 수평선, 기울기와 같은 회화적 요소들이 두드러진다. 회화 중에서도 드로잉이나 크로키 기법이 우세하다. 시인은 시를 쓰는 작업과 드로잉 작업을 겹쳐서 사용하는 것 같다. 드로잉 기법은 시인이 지향하는 납작한 세계를 더욱 단순하고 선명하고 속도감 있게 만들어 주는 요소이다. 그의 시가 내용보다 형식미에 민감하게 보이는 이유가 여기에 있다. 이 시집이 언어의 세련미와 산뜻한 분위기를 느끼게 하는 것도 그와 관련되어 있는 것 같다.

> 돌연 날아와
> 꽂히는 꽃
> 잘 보면 나무
> 목탄은 분명
> 단단하면서도 부드럽고 따뜻한 감촉
> 아 어디서 왔지
> 목을 돌린 1분
> 먼저 간 그대에겐 우아한 시간
> 허겁지겁 포즈를 핥으며 뒤쫓는 나는 손이 떨리고
> 백 개의 시선에서 도망치는 우리
> 이목구비는 빠르게 생략하자
> ―「1분 크로키」 부분

크로키는 대상의 움직이나 형태를 빠르게 그리는 드로잉 형식 중 하나다. 이 시의 시적 주체는 1분 크로키를 하고 있다. 1분간 어떤 대상의 특징을 포착하면서 형태와 움직임을 종이에 옮겨야 한다. 상당히 빠르게 대상을 관찰하고 선으로 표현해야 한다. 크로키는 대상을 단순하게 처리하기는 하지만, 대상의 구조와 특징, 대상이 놓인 공간과의

관계를 단번에 파악해야 한다. 어떤 디테일을 버리고 살려야 할지, 어떤 윤곽선으로 대상을 표현해야 할지를 관찰하면서 그려야 한다. 크로키는 단순한 그리기 형식처럼 보이지만, 고급 기술이 필요하다. 눈의 감각과 손의 감각이 일치되어야 하고, 선의 강약이 유려해야 하며, 굴곡과 강조점이 분명해야 하기 때문이다. 이 시의 시적 주체는 그 과정을 묘사한다. 빠르게 대상을 파악해야 하기 때문에 "돌연 날아와/꽂히는 꽃"처럼 보이던 것이 '나무'임을 알게 된다. '1분'은 어떤 대상을 표현하기에는 짧은 시간이다. 짧음은 그래서 크로키라는 형식이 된 것이다. 속도와 생략, 손의 떨림이 선의 강약을 미학적으로 드러내는 회화 형식으로 말이다.

"백 개의 시선에서 도망"치면서 대상의 "이목구비는 빠르게 생략"된다. 정재리 시인이 지향하는 납작하고 평면화된 세계는 깊이를 의도적으로 삭제한 것이다. 크로키처럼 세계를 빠르게 포착하고 표현할 때 얼굴성은 과감히 삭제되고 세계는 속도감 있게 펼쳐진다. 이 시는 정재리 시인의 시적 전략을 잘 보여 주고 있다.

드로잉 기법 역시 시인이 자신의 세계를 구현하기 위해 선택한 기법이다. 그는 "무용담은 거침없이 생략"하고 "사지를 날려 버리는 결단"을 선택한다. 그것은 "한번 지나간 선은 지울 수 없다는 믿음"과도 연관된다. 자신의 시적 신앙을 위해 "망설이는 선을 없애"고 손과 다리는 "날려 버리는" 것이다.(「서스테인 드로잉」) 시집 곳곳에 이처럼 드로잉 기법을 활용하여 자신만의 시적 방법을 구현하는 정재리 시인의 세련된 기술력이 돋보인다.

차창 멀리 날아가는 한 무리의 새를 보았는데
이탈한 어떤 새의 발을 본 것만 같아 쫘악 펼친
새의 발가락
하나 둘 셋
하나 둘 셋
잘 보면 뒤에도 하나

손가락을 차창에 대어 보지만 더 상세해지지는 않고

얼핏 순록의 뿔을 닮았다거나

청력이 뛰어난 새의 귀가 없다고 여기는 것은
귓바퀴가 없기 때문이라거나

(중략)

지난 사막 이야기가 터널을 통과하면서 통째로 얼비쳐
잠시 미간을 모으게 되는

이럴 때 뒤돌아보면 안 된다
동공이 텅 비게 될 것이다

—「선원근법」 부분

이 시는 원근법에 대한 시다. 원근법은 평면 위에 삼차원 공간을 표현하기 위해 만들어진 미술 기법이다. 정재리 시인은 원근법을 자신의 기법으로 활용하지 않는다. 본다는 것을 실제 감각에 기초한 감각으로 사유하기 때문이며, 그가 지향하는 납작한 세계 만들기에 적합하지 않은 기법이기 때문이다. 본다는 것에는 '아는' 봄이 있고, '보는' 봄이 있다. 아는 봄은 눈의 감각이 아니라, 개념에 기초한 것이다. 원근법은 아는 봄에 해당된다. 시인은 원근법적 봄을 강하게 부정한다. "뒤돌아보면 안 된다"고 강한 어조로 금지한다. 이 시의 시적 주체는 기차를 타고 차창 밖으로 멀리 날아가는 새의 발가락을 세 본다. 그는 보는 행위를 강조하는 것 같지만, 움직이는 기차 안에서 날아가는 새의 발가락을 자세히 본다는 것은 거의 불가능에 가깝다는 것을 알고 있다. 그래서 그는 "손가락을 차창에 대어 보지만 더 상세해지지는 않"는다고 고백한다.

터널을 통과했을 때 뒤를 돌아보면 어떨까? 멀어지는 터널은 선원근법 자체를 보여 준다. 그러나 시적 주체는 "돌아보면 안 된다"고 강한 어조로 말한다. "동공이 텅 비게 될 것"이기 때문이다. 소실점은 시선이 한곳으로 모아지는 가상의 점이다. 그것은 보는 감각인가? 아는 감각인가? 시인이 구현하려는 납작한 세계는 아는 감각을 부정한다. 원근법으로 그린 그림은 현실 세계를 모방한다. 모방은 재현의 한 양상이다. 이 글의 서두에서 마크 탠시의 그림 「모더니스트 회화의 짧은 역사」와 정재리 시인의 공통점을 재현의 거절이라고 말한 바 있다. 정재리 시인은 왜 납작하고 평면화된 세계로 나아가려는 것일까? 그것은 자신의 시가 재현이 아닌 방식으로 세계를 개성적으로 만들기 위해서이다. 그러므로 터널을 통과한 기차의 후면을 보지 말아야 한다. 선원근법은 삼차원 세계를 재현하려는 욕망을 부추길 수 있지 않은가.

수평선을 기울(이)기

정재리 시인이 언어로 그리는 세계의 구도는 단순하다. 특히 그는 수평선으로 분할되는 구도를 선호한다. 시인이 지향하는 이차원의 납작한 세계는 원근법적 환영을 무시하고, 단순하고 명료한 세계이기 때문에 단순 구도가 적합한 것 같다. 정재리 시인은 내면/표면으로 이중화된 세계를 표면으로 일원화하는 전략을 갖고 있다고 말할 수 있겠다. 그러나 그 세계를 구조화하는 수평선은 반듯하지 않다. 수평선은 점차 기울어진다. 기울기를 갖는다는 것은 어떤 의미일까? 기울기는 구도 자체를 동적으로 만들면서 그가 그리는 세계에 힘을 부여한다.

어떻게 그런 생각을

비탈을 버티고 버티면 무탈할 거라며
이탈하지 않게 일부러 조금씩 손을 떠는 기법으로 가느다란 교회 첨탑과 먼 물고기를 쓱쓱 그려 낸 그가

배면의 소실점을 찾다 수평선을 잘못 그었다

미끄러지지 않으려고 발끝에 힘을 주면 발자국이
흘러내렸다

—「기울기」 부분

  시인이 그리는 납작한 세계의 배면에는 소실점이 없다. 이 시에서 그림을 그리는 '그'는 소실점을 찾다가 수평선을 긋는다. 그런데 수평선을 잘못 그었다. 그는 본래 "조금씩 손을 떠는 기법"으로 선의 강약을 조절할 줄 아는 솜씨를 가진 사람이다. "가느다란 교회 첨탑과 먼 물고기를 쓱쓱 그려" 낼 수 있을 정도로 능숙한 사람이 "수평선을 잘못 그"은 것이다. 왜 잘못 그은 것일까? 수평선은 세계를 단순하게 분할한다. 이 구도는 안정감을 준다. 그런데 선을 능숙하게 그릴 줄 아는 그가 수평선에 기울기를 허용한 것이다. 기울어진다는 것은 안정된 구도에 변화를 준다는 의미이고, 그것은 세계를 리듬감 있게 재배치한다. 이 기울기는 천천히 흘러내리는 방식으로 변화되고 있다. "미끄러지지 않으려고 발끝에 힘을 주면 발자국"은 어디론가 "흘러내"리며 기울어질 것이다. 정재리의 시에서 기울기는 그가 지향하는 납작하고 평면화된 세계에 미적 변화와 시각적 리듬감을 제공한다. 그의 시가 단순하면서도 생동감 있고, 발랄한 것은 기울기라는 구도의 효과이기도 하다. 안정적인

시의 구도에 기울기가 주어지면서 그가 그리는 세계는 힘의 이동이 생기고, 동시에 시적 분위기에 재치와 발랄함이 발생한다.

    나는 오른팔을 들어 가로선을 주욱 그었다 이건 지평선이야 조금씩 흘러내리는

    너는 지평선 위를 걸어가는 한 사람의 옆모습을 스케치하고 있다 수평으로 날리는 긴 모자 끈과 작은 얼굴 아래 풀어헤친 셔츠를 지나

    (중략)

    나의 단순한 지평선이 멀리 나가 수평선이 되면 좋겠다는 말은
    속으로 했다

    일렁이는 은빛 꽃가루

    그런 바람만으로도 어쩐지 물 냄새를 맡을 수 있는 낙타처럼

    나는 라커룸 문을 열고 100호를 찾고 있다
                                  —「캔버스」 부분

어떤 수평선은 기울기 대신 규모가 확장되기도 한다. 이 시에서 "오른팔을 들어 가로선을 주욱" 긋는 자는 지평선 긋기에 성공한다. 그러나 지평선은 흘러내린다. 어떤 물감을 사용했는지 분명치 않지만, 지평선은 조금씩 흘러내리는 물성을 가지고 있다. 기울기를 갖지는 않지만, 지평선은 그 자체로 흘러내리며 선명성을 잃는다. 시인은 흘러내리는 지평선이 "멀리 나가 수평선"이 되기를 희망한다. 지금 눈앞에 그은 가로선이 더 큰 선으로 확장되기를 욕망하는 것이다. 땅과 하늘을 구분하는 지평선이 더 멀리 나간다면, 바다와 하늘을 구분하는 수평선이 될 수도 있을 것이다. 그것은 어떻게 가능한가? 시인은 구체적으로 행동에 옮긴다. 그는 100호짜리 캔버스를 찾는다. 더 큰 그림을 그려 보겠다는 것이다.

정재리 시인은 왜 재현의 방법을 거절하는 것일까? 왜 그는 재현을 거절하고 납작하고 평면화된 세계를 만들려는 것일까? 왜 그는 얼굴을 생략하고 사지를 잘라 내는 결단을 내린 것일까? 왜 그는 빠르게 선으로 대상을 포착하면서 세계를 단순화하려는 것일까? 정재리 시인은 이 모든 기법을 자신의 미학으로 삼은 것 같다. 재현에 의해 생겨난 깊이와 공간감을 버리고 세계를 납작하게 하며, 간결한 선으로 대상을 단순하게 처리함으로써 발생하는 역동성이 그의 시 쓰기의 원리처럼 보인다. 왜 그러한 형식을 선택했는지에 대해서는 분명하지 않다. 그러므로 우리는 그의 시를 읽는 즐거움 속에서 그 이유를 추론해 볼 수도 있을 것이다. 그것은 지겨운 세계를 비틀어 세계에 생기를 불어넣고 삶에 재미를 불어넣으려는 의도처럼 보인다.

> 순서는 지겨워
> 그리기도 전에 고삐를 지워 버릴 거예요
> 집도 짓기 전에 마을로 초대할 거예요
> 약속하기도 전에 악수하고 헤어진다 해도
>
> 기다리기도 전에 와 있을 게 뻔하잖아요
> 나는 이미 저만치 달려 나가 있을 거잖아요
> ―「먼 곳에서 온 이야기들」 부분

우리가 사는 이 세계는 순서와 질서로 구성되어 있다. 원인이 있으니 결과가 있다. 1+1은 2다. 하나의 현상이 다른 현상을 불러오는 원인이 된다. 부모가 있어야 아이가 있다. 이러한 보편적 순서를 시인은 "지겨워"한다. 시인이 살아가는 삼차원 세계의 순서와 질서는 그에게 지루하다. 지루하지 않기 위해 그는 삼차원의 공간성을 납작하게 만들었고, 원근법 대신 크로키와 드로잉을 자신의 기법으로 삼은 것이다. 어떻게 지겨운 세계를 바꿀 수 있을까? 그의 해법은 쉽고 단순하다. 해법이 어렵거나 복잡하거나 고통스러울 필요는 없지 않은가?

그는 순서 바꾸기를 제안한다. 그는 "그리기도 전에 고삐를 지"우자고 한다. "집도 짓기 전에 마을로 초대"하자고 한다. "약속하기도 전에 악수하고 헤어"지자고 한다. 이토록 간명하고 쉽게 세계를 재배치할 수 있을까? 고삐를 그리고 난 후 지우개로 지우는 것이 일반적인 순서다. 약속하고 악수하고 헤어지는 것이 보통의 순서이다. 그는 결과를 먼저 행한다. 그렇게 하면 이 세계는 덜 지겨워질까? 정재리는 그것을 실험하고 싶어 하는 것 같다. 이토록 인과관계에 묶인 지루한 세계를 왜 재현하고 싶겠는가? 그는 다른 세계를 꿈꾼다. 그는 다른 세계를 언어로 짓는다. 그는 납작하고 평면적인 세계를 창조하고, 빠르게 이목구비를 생략하며, 안정적 구도에 기울기를 주면서 원인 없는 행동을 한다. 정재리 시인은 자신이 창조한 이 이상한 세계에 우리를 초대한다. 이 시집을 읽는 독자는 이 납작한 세계에서 순서 바꾸기 놀이를 통해 자신의 삶을 새롭게 재구성할 수 있을 것이다.